Illustrations : Véronique Marchand
Photographies : Olivier d'Huissier
Conception graphique : Claude Poirier
Direction éditoriale : Christophe Savouré
Direction artistique : Danielle Capellazzi
Édition : Clotilde Cacheux

Merci à Floriane qui s'est prêtée
si joyeusement aux photos

Dépôt légal : avril 1999
Photogravure : IGS-Charente Photogravure
Achevé d'imprimer en septembre 2003
sur les presses de l'imprimerie Proost en Belgique
ISBN : 2-215-02380-5
ISSN : 1285-5677
4e édition - n° 93488

Loi n°49-956 du 16 juillet 1949 sur les publications destinées à la jeunesse.

les activités fleurus

TRESSES
ET BRACELETS BRÉSILIENS

Florence Bellot

À Aude et Marine

EDITIONS FLEURUS

Éditions Fleurus, 15 - 27, rue Moussorgski 75018 Paris

Pour commencer

Les Wraps (appelés aussi tresses) viennent de la culture des Indiens d'Amérique. Lors des parades guerrières, les Apaches, les Cheyennes et les Sioux portaient ces tresses multicolores dans les cheveux. Les wraps ont ensuite été quelque peu oubliés. Ils retrouvent aujourd'hui un nouvel essor chez les jeunes européens.
Vous trouverez ici toutes les explications de la technique du Wraps pour faire des tresses, bien sûr, mais aussi des bracelets, des cordons à lunettes, des porte-clés...
Vous découvrirez aussi de nombreuses idées pour réaliser des bracelets brésiliens et des bracelets en macramé.

Matériel

Fils utilisés

Pour les wraps, tous les fils de coton conviennent, quelle que soit leur épaisseur. On peut même employer des fils de coton à tricoter. On peut aussi mélanger des fils de diamètres différents sur un même bracelet.
Les wraps seront simplement plus ou moins gros mais ça ne modifie en rien leur réalisation.
Pour les bracelets brésiliens, mieux vaut employer du coton perlé. En mercerie, on trouve une infinité de couleurs, ainsi que des fils dégradés et des fils brillants.

Bon à savoir

70 cm de fils donnent un bracelet d'environ 20 cm sans les finitions.

Pour simplifier les explications

Dans ce livre, nous appelons *fils fixes*, les fils qui restent immobiles durant le tissage et *fil mobile*, le fil qui s'enroule autour des fils fixes et avec lequel on tisse.

Autre matériel

Prévoir une paire de ciseaux et une épingle à nourrice. Pour les finitions, toutes sortes de perles peuvent être utilisées : perles de rocaille, perles en céramique, en bois... Pour les bracelets en macramé ou les tresses, prévoir des lanières de cuir, du raphia ou de la cordelette.

Techniques de base

Le bracelet standard a 4 couleurs avec 2 fils de chaque couleur (soit 8 fils). Choisir des couleurs qui s'harmonisent pour avoir un maximum de combinaisons.

Tresse à 3 brins

Pour faire une tresse à 3 brins, prendre 3 fils ou un nombre de fils multiple de trois.

Tresse à 4 fils

Pour une tresse à 4 brins, prendre 4 fils ou un nombre de fils multiple de quatre.

Pour commencer

Démarrer un bracelet

Première technique

1 Couper un fil de 120 cm dans chaque couleur. Faire un nœud bien serré au milieu.

2 Faire une tresse de 2,5 cm de long environ. La terminer par un nœud.

3 La plier en deux pour former une boucle et refaire un nœud en essayant de superposer ce troisième nœud sur les deux autres pour les masquer. On peut aussi faire une boucle simple sans tresse.

4 Passer l'épingle à nourrice dans la boucle et la fixer sur un jean. Commencer le bracelet.

Deuxième technique

1 Couper 70 cm de chaque fil. Faire un nœud à environ 10 cm d'une des extrémités. Tresser cette partie et l'arrêter avec un nœud.

2 Passer l'épingle à nourrice à travers la tresse ou le nœud et la fixer sur un jean. Commencer le bracelet.

Astuce
Pour varier, toutes les combinaisons sont possibles : les bracelets à 2 couleurs sont aussi très beaux. Attention à prendre au moins 8 fils : 4 de chaque couleur ou pour en privilégier une : 6 + 2.

Terminer un bracelet

1 Bien serrer les derniers tours de l'enroulement.

2 Faire un double nœud avec le dernier fil mobile et un fil fixe de la même couleur. Veiller à ne pas lâcher les derniers tours de l'enroulement en faisant les nœuds.

3 Pour les bracelets commencés par une boucle, séparer les fils en deux groupes et faire deux tresses. Pour les bracelets commencés par une tresse, terminer en formant une tresse avec tous les fils.

Conseil
Pour faire un très gros bracelet, on peut soit utiliser beaucoup de fils sur 4 couleurs, soit choisir un grand nombre de couleurs.

Wraps simple

1 Commencer le bracelet suivant la technique choisie page 8. Placer les fils les uns à côté des autres dans n'importe quel ordre.

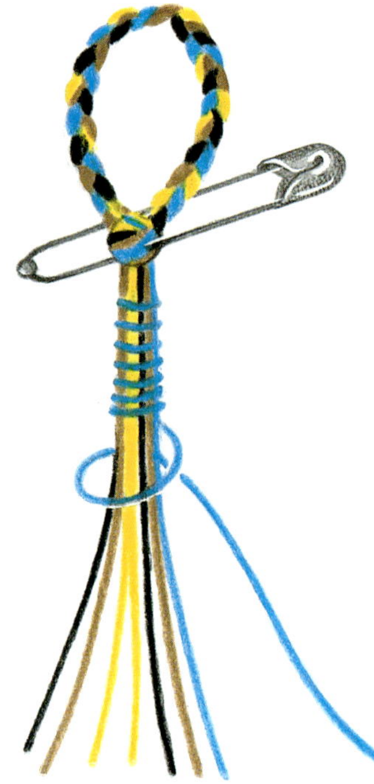

3 Avec la main droite, enrouler plusieurs fois le fil mobile autour des fils fixes. Faire plusieurs tours en serrant bien. Continuer avec cette couleur pour obtenir la longueur désirée.

Astuce
Pour les gauchers, tenir les fils fixes dans la main droite et le fil mobile de la couleur choisie dans la main gauche.

2 Avec la main gauche, maintenir les fils fixes entre le pouce et l'index. Avec la main droite, prendre le fil mobile de la couleur choisie entre le pouce et l'index.

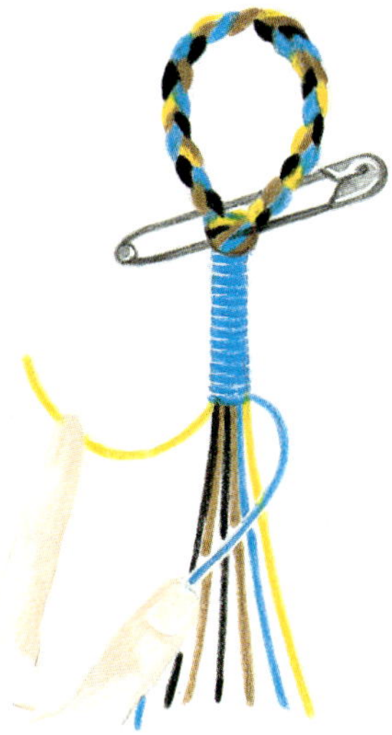

4 Tenir fermement le fil mobile de la couleur précédente. Choisir le fil le plus long d'une nouvelle couleur.
Maintenir l'enroulement bien serré et placer l'ancien fil mobile au milieu des fils fixes.

5 Avec la main droite, attraper le nouveau fil mobile et l'enrouler autour des fils fixes. Continuer jusqu'à la longueur désirée. Changer ainsi plusieurs fois de couleur. Terminer les bracelets en suivant les conseils de la page 9.

Astuce
Pour bien serrer, prendre les derniers tours de l'enroulement entre le pouce et l'index de la main droite et remonter vers le nœud.

Wraps doublé

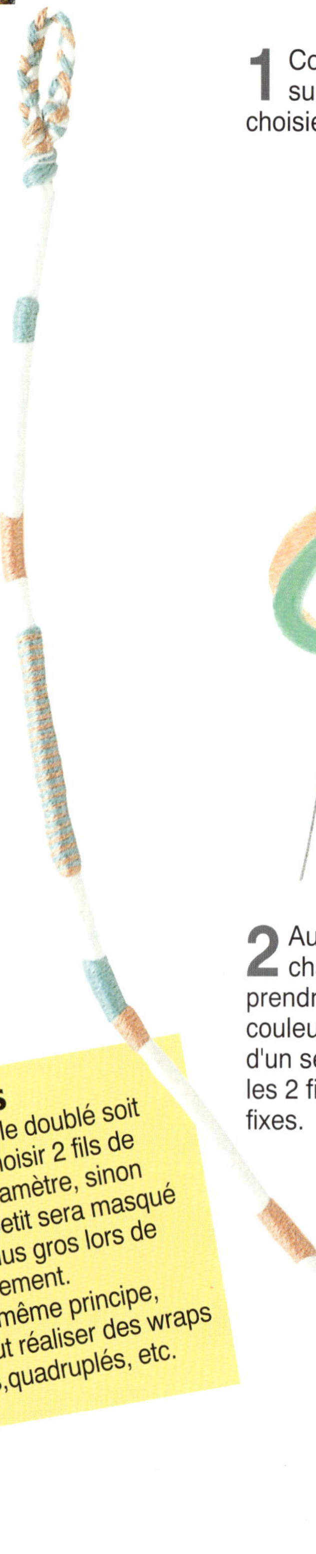

1 Commencer le bracelet suivant la technique choisie page 8.

2 Au moment d'un changement de couleur, prendre 2 fils mobiles de couleurs différentes au lieu d'un seul. Enrouler et serrer les 2 fils autour des fils fixes.

3 Une fois l'enroulement terminé, replacer ces 2 fils sur les fils fixes. Attraper un nouveau fil mobile et continuer l'enroulement en changeant régulièrement de couleur.

Astuces
Pour que le doublé soit réussi, choisir 2 fils de même diamètre, sinon le plus petit sera masqué par le plus gros lors de l'enroulement.
Sur le même principe, on peut réaliser des wraps triplés, quadruplés, etc.

Tortillons

Pour mettre en valeur le fil qui s'entortille autour de l'enroulement, choisir un fil mobile de couleur contrastée.

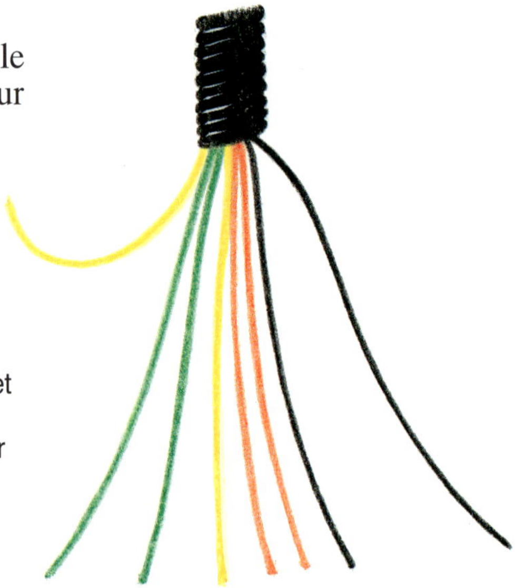

1 Commencer le bracelet suivant la technique choisie page 8 et procéder comme pour un wraps simple.

2 Au moment d'un changement de couleur, choisir le fil qui passera sur l'enroulement et le mettre de côté.

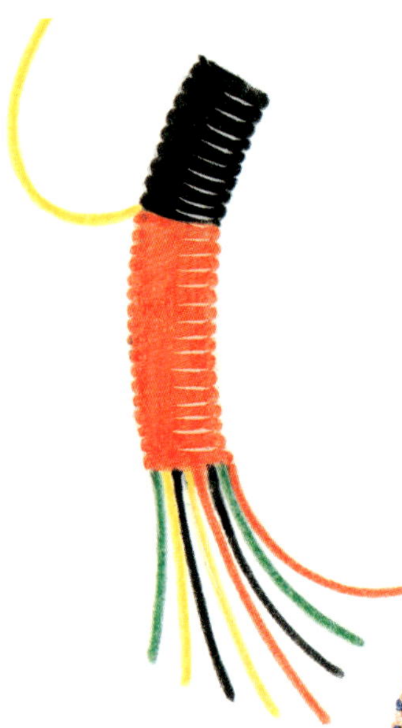

3 Prendre un fil mobile d'une autre couleur et l'enrouler.

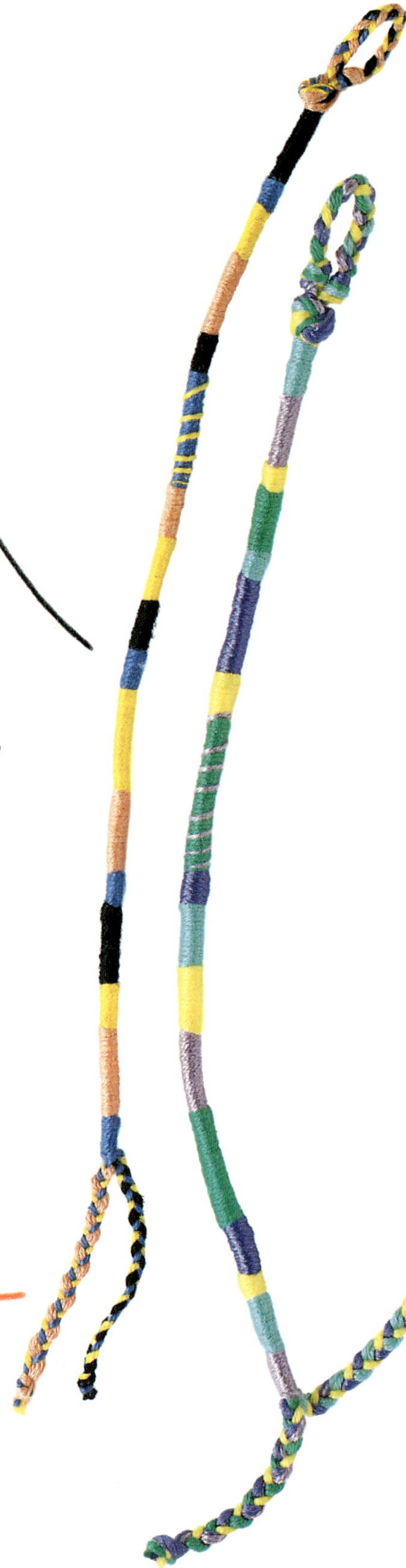

4 Lorsque la longueur voulue est atteinte, récupérer le fil mis à part et l'enrouler de façon plus ou moins espacée autour de l'enroulement.

5 Le replacer sur les fils fixes. Changer de couleur et continuer le bracelet suivant le même principe.

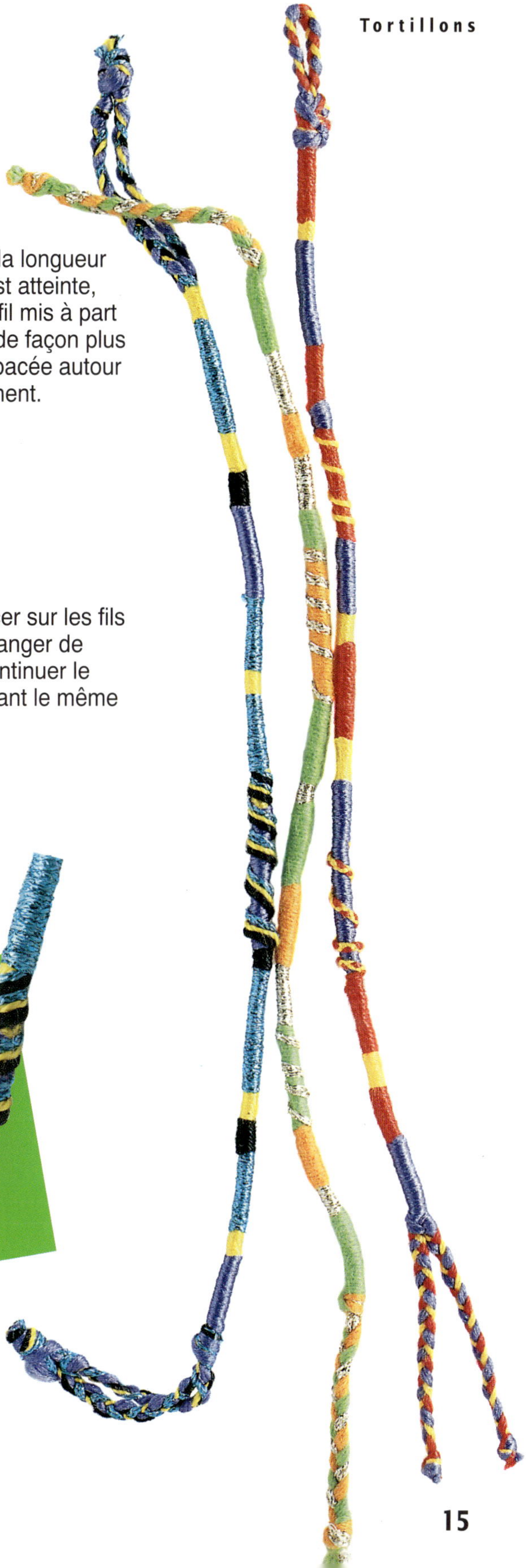

Variantes

On peut sur le même principe passer 2 ou 3 fils de couleurs différentes sur un enroulement.
On peut aussi choisir 3 fils, les tresser et passer cette tresse sur un enroulement.

Fils sur le côté

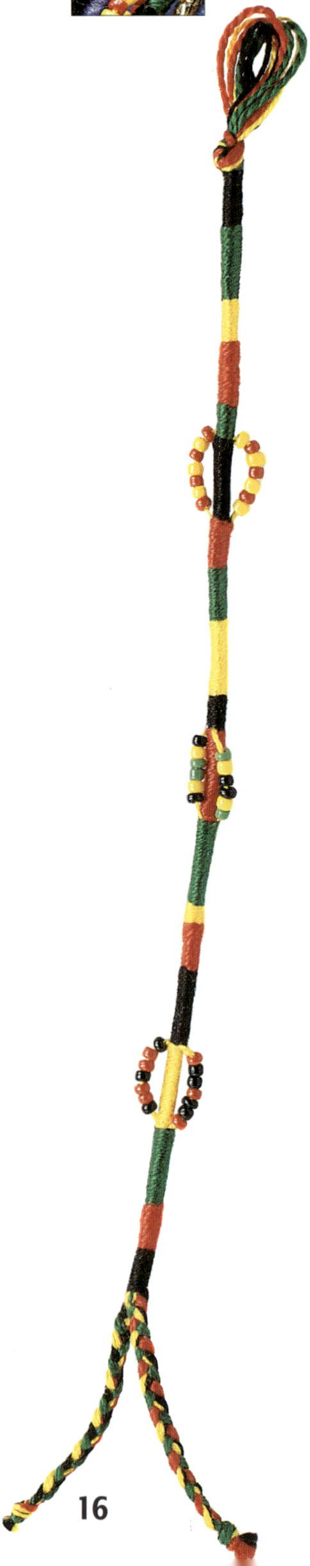

Bracelet simple

1 Commencer le bracelet suivant la technique choisie page 8.

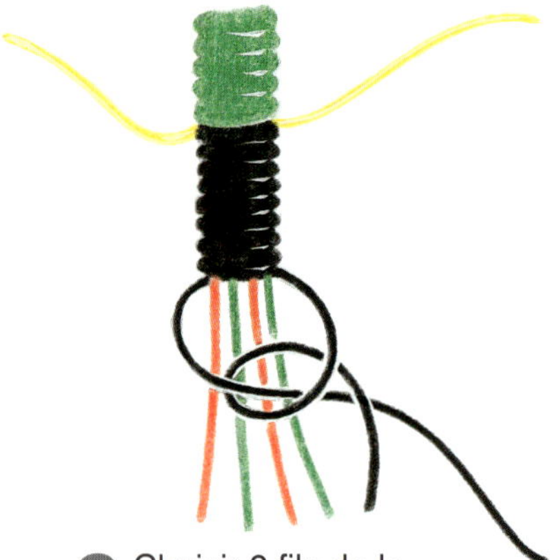

2 Choisir 2 fils de la même couleur ou de couleurs différentes. Les isoler. Prendre un nouveau fil mobile et faire un enroulement. Le terminer par un nœud.

3 Récupérer les 2 fils mis à part. Les replacer sur les fils fixes. Commencer l'enroulement avec un nouveau fil mobile et continuer le bracelet.

Bracelet avec des perles

Isoler 2 fils. Choisir un nouveau fil mobile et faire un enroulement. À la fin, faire un nœud avec ce fil mobile et un autre fil de la même couleur. L'enroulement reste bien serré et permet de garder les mains libres. Récupérer les 2 fils mis à part et enfiler quelques perles de rocaille sur chaque brin. Replacer ensuite ces 2 fils sur les fils fixes et continuer le bracelet.

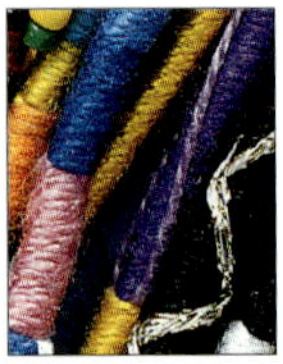

Croisillons

1 Commencer le bracelet suivant la technique choisie page 8.

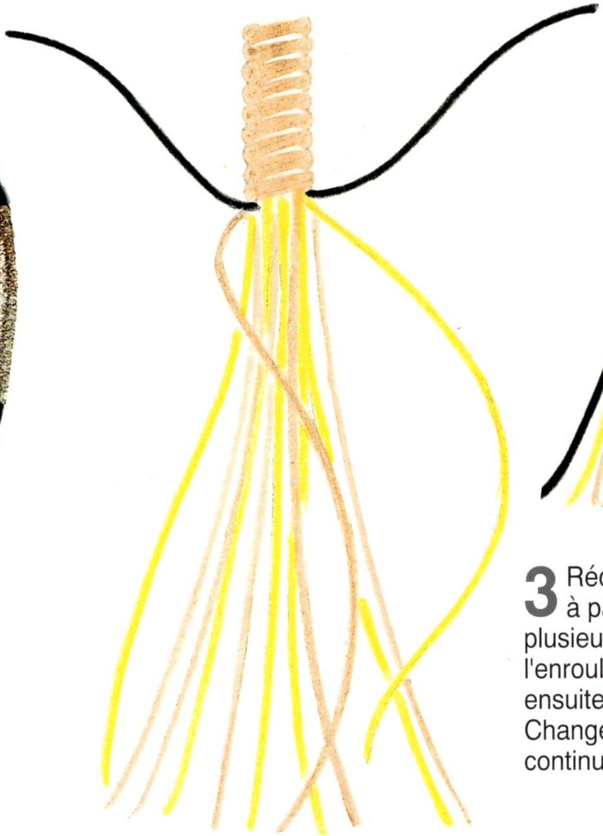

3 Récupérer les 2 fils mis à part. Les croiser plusieurs fois autour de l'enroulement. Les replacer ensuite sur les fils fixes. Changer de couleur et continuer le bracelet.

2 Choisir 2 fils de la même couleur ou de couleurs différentes et les isoler. Choisir un nouveau fil mobile et l'enrouler. À la fin, faire un nœud avec ce fil mobile et un autre fil de la même couleur. L'enroulement reste bien serré et permet d'avoir les mains libres.

Astuce

Pour un effet recherché, utiliser 2 fils de couleurs différentes et contrastées pour former les croisillons.

Avec des perles

Poser des perles au début d'un bracelet

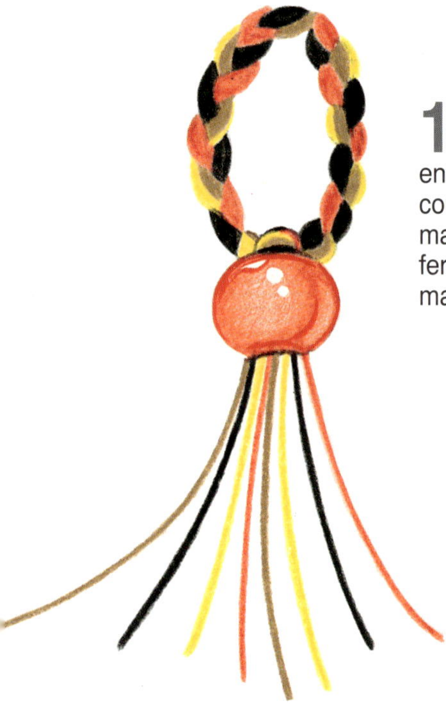

1 Enfiler 1 ou 2 perles avant de commencer à enrouler la première couleur. Les coincer au maximum sur le nœud qui ferme la boucle pour le masquer.

2 Former le premier enroulement avec le fil mobile de la couleur choisie et continuer le bracelet.

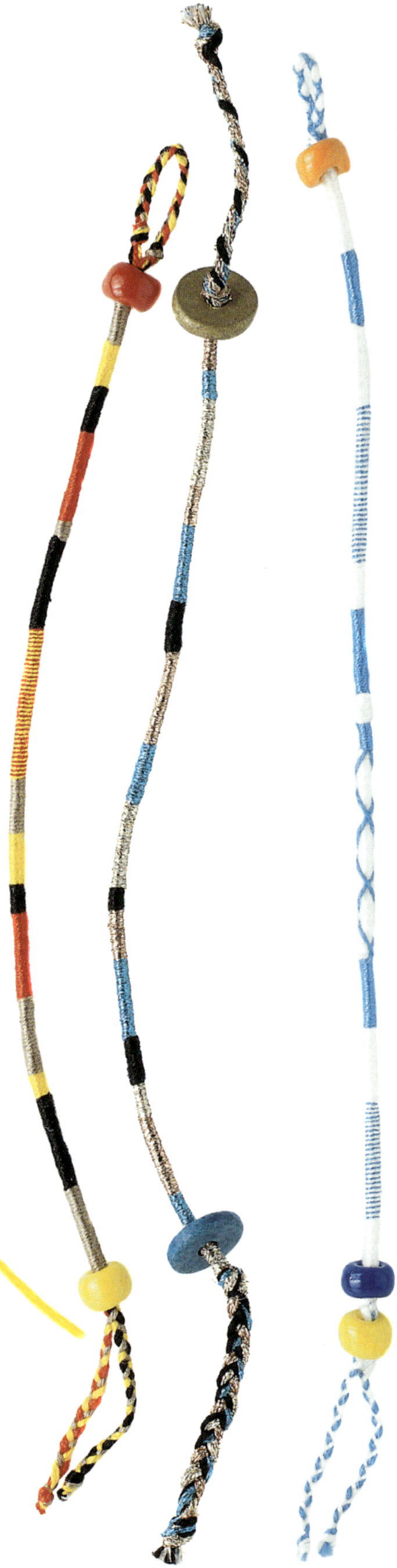

Poser des perles à la fin d'un bracelet

1 Enfiler 1 ou 2 perles après avoir enroulé la dernière couleur. Faire un gros nœud avec tous les fils pour les maintenir bien en place. Bloquer la dernière perle sur le nœud pour le masquer.

2 Finir le bracelet en réalisant 1 ou 2 tresses. Les arrêter avec un nœud discret. Couper les fils qui dépassent.

Pose dans les cheveux

Le Wraps est avant tout une technique pour décorer les cheveux. La mèche passe à l'intérieur de la tresse et le wraps devient solidaire des cheveux. En suivant bien les explications qui suivent et en vous étant entraîné en faisant des bracelets, vous réussirez à poser de jolies tresses colorées pour l'été.

1 Choisir une mèche de cheveux et égaliser la pointe aux ciseaux.

2 Découper un carré de bristol ou de carton fin d'environ 10 cm de côté. Découper une fente du bord au centre du carton. Glisser la mèche de cheveux dans cette fente pour l'isoler du reste de la chevelure. Placer le carton à la racine des cheveux.

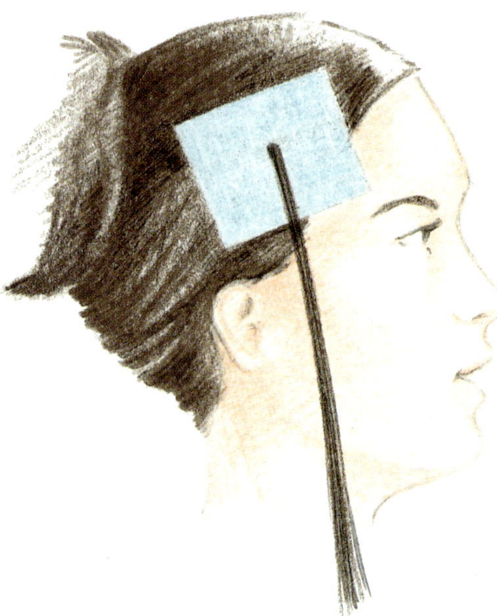

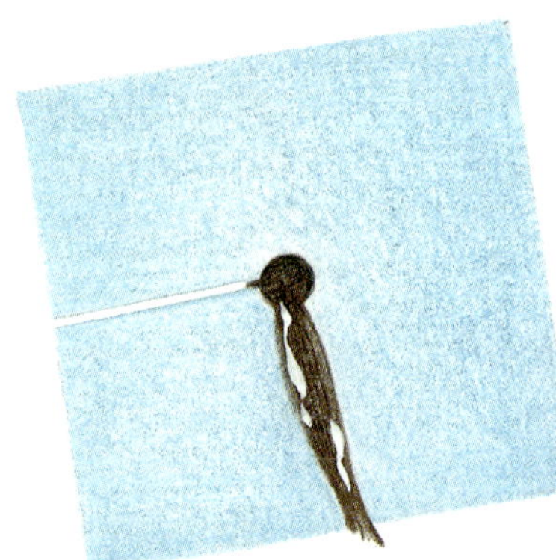

3 Bien attacher les autres cheveux avec des pinces, des élastiques, etc., pour pouvoir tresser facilement.

4 Passer un peu de gel de la racine à la pointe des cheveux pour éviter que des fourches ne s'échappent. Pour faire 30 cm de wraps, prévoir des fils de 2 mètres et les plier en deux.

5 Faire un nœud autour de la mèche de cheveux puis remonter les fils à la racine des cheveux.

6 Placer les fils fixes le long des cheveux. Commencer la tresse en enroulant le fil mobile autour de la mèche et des fils fixes. Continuer la tresse en suivant les indications des pages 24 à 27.

Pose dans les cheveux

Wraps de la longueur des cheveux

2 Enfiler 1 ou 2 perles et faire un nœud avec tous les fils pour bien les maintenir.

1 Procéder comme pour un bracelet en enroulant le fil mobile autour de la mèche et des fils fixes. À la fin de la mèche de cheveux, faire un double nœud avec le dernier fil mobile et un fil fixe de la même couleur.

3 Couper les fils qui dépassent en gardant environ 1 cm sous les perles.

Wraps plus long que les cheveux

1 À environ 1 cm de la fin de la mèche, changer de fil mobile et commencer l'enroulement avec la nouvelle couleur.

2 Poursuivre cette couleur encore plusieurs tours après la fin des cheveux. Changer de couleur.

3 Pour arrêter le wraps, faire un double nœud avec le dernier fil mobile et un fil fixe de la même couleur. Enfiler 1 ou 2 perles. Nouer tous les fils et couper les brins qui dépassent en gardant 1 cm sous les perles.

Pose dans les cheveux

Wraps plus court que les cheveux

1 À la longueur désirée, faire un double nœud avec le dernier fil mobile et un fil fixe de la même couleur.

3 Enfiler 1 ou 2 perles au bout de la tresse et faire un nœud avec tous les fils pour bien les maintenir. Couper les fils en gardant environ 1 cm sous les perles.

2 Faire une petite tresse avec les fils en mettant bien les cheveux de côté.

Pour enlever le Wraps

Couper les fils au-dessus de la tresse et dérouler !

Technique du brésilien

Les bracelets brésiliens se forment le plus souvent par une série de double nœuds à droite, de double nœuds à gauche ou d'une alternance des deux.

Position des fils

Commencer les bracelets en suivant les explications de la page 8 (démarrer un bracelet première technique) mais en utilisant des fils de 180 cm.

Conseil
Les 2 fils qui travaillent doivent toujours être bien tendus et les nœuds doivent être serrés toujours de la même façon.

Nœud à droite

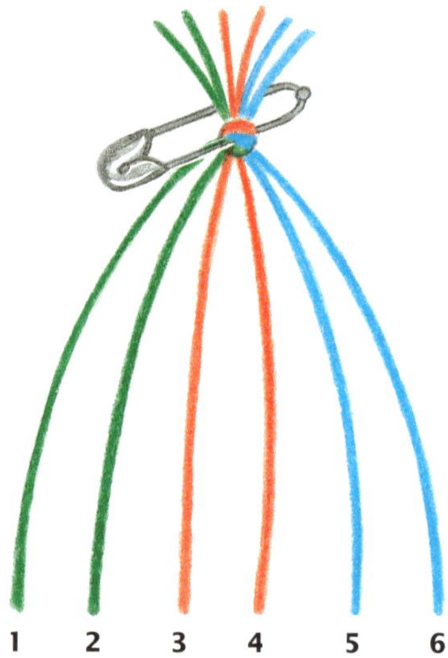

1 Placer les fils comme indiqué sur le schéma.

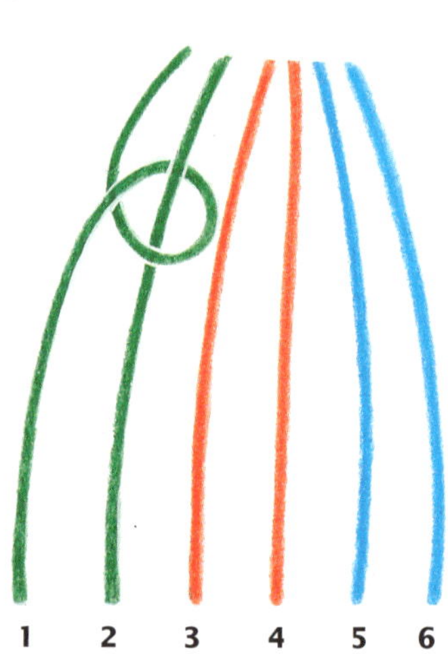

2 Avec le fil 1, former une boucle sur le fil 2. Tirer pour faire remonter le nœud. On obtient un nœud à droite.

3 Le fil 1 fait un deuxième nœud sur le fil 2. Le tirer pour le placer à côté du premier nœud.

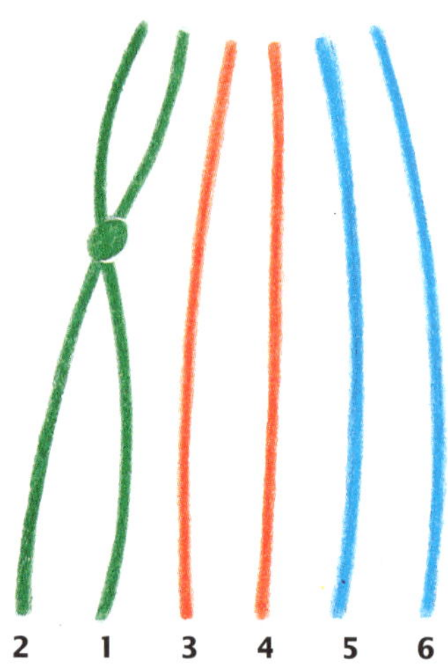

4 On obtient un double nœud à droite. Le fil 1 s'est déplacé vers la droite.

Nœud à gauche

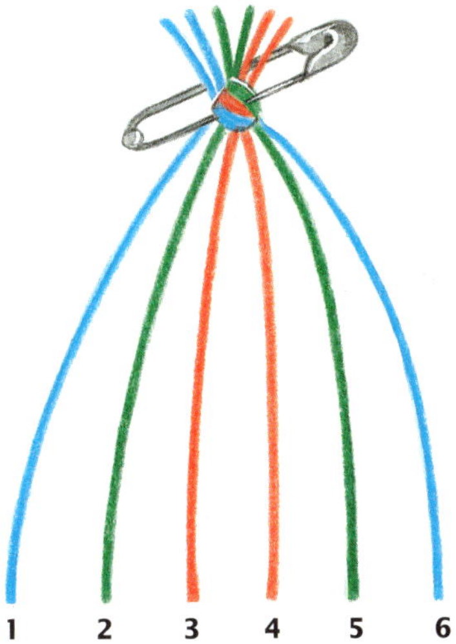

1 Placer les fils comme indiqué sur le schéma.

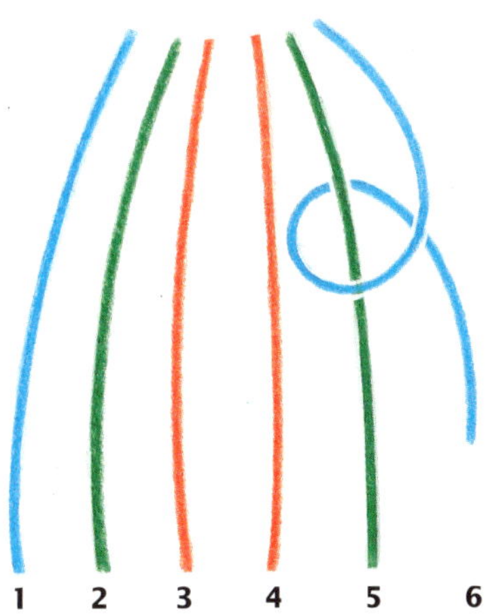

2 Avec le fil 6, former une boucle sur le fil 5. Tirer pour faire remonter le nœud. On obtient un nœud à gauche.

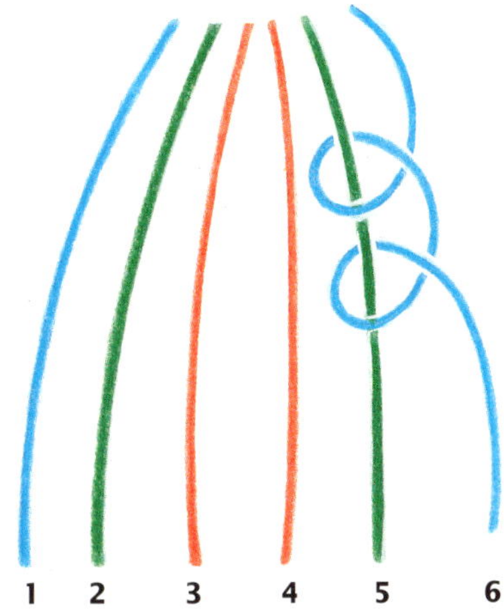

3 Le fil 6 fait un deuxième nœud sur le fil 5. Le tirer pour le placer à côté du premier nœud.

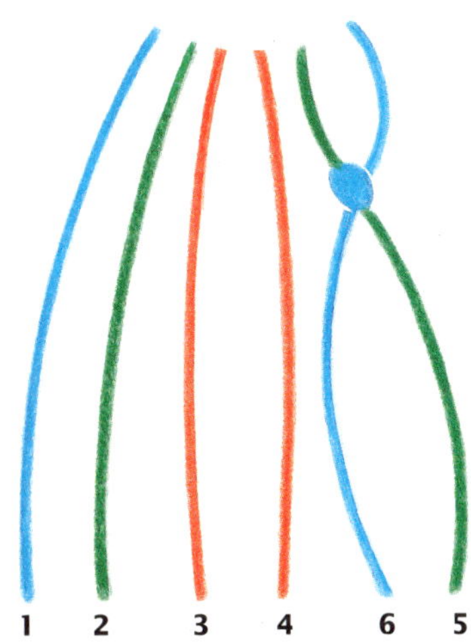

4 Le fil 6 est passé de droite à gauche et on obtient un double nœud à gauche.

Bracelet simple

Ce modèle se réalise par une série de nœuds à droite.

2 Le fil 1 se retrouve complètement à droite. La première rangée est faite. Avec le fil 2, faire un double nœud à droite sur le fil 3. Continuer à faire des double nœuds à droite sur les fils 4, 5, 6, 7, 8 et 1 pour faire la deuxième rangée.

1 Avec le fil 1, faire une série de double nœuds à droite sur le fil 2 puis sur les fils 3, 4, 5, 6, 7, 8.

3 Avec le fil 3 de couleur différente, faire un double nœud à droite sur le fil 4 puis sur les fils 5, 6, 7, 8, 1 et 2. Procéder de la même manière avec tous les fils pour retrouver la position de départ des fils. Continuer jusqu'à la longueur désirée.

Bracelet en V

Ce modèle se réalise en faisant, d'un côté des double nœuds à droite, de l'autre des double nœuds à gauche.

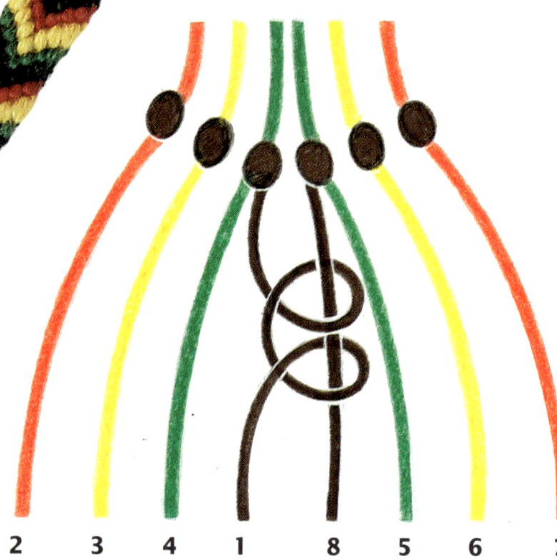

1 Avec le fil 1, faire une série de double nœuds à droite sur les fils 2, 3 et 4. Avec le fil 8, faire des double nœuds à gauche sur les fils 7, 6 et 5. Pour terminer la rangée, faire 1 double nœud à droite avec le fil 1 sur le fil 8.

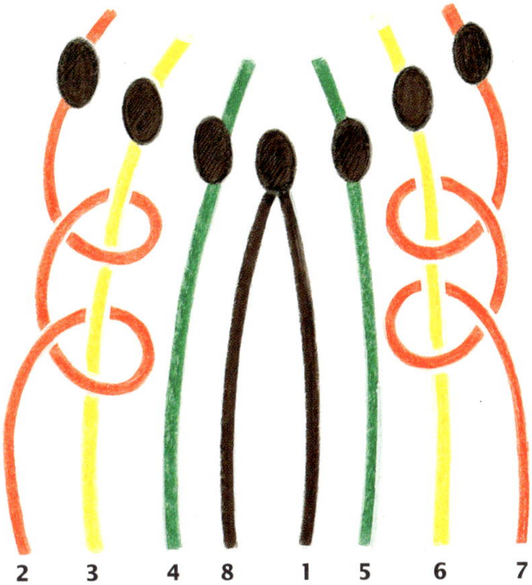

2 Avec le fil 2, faire une série de double nœuds à droite sur les fils 3, 4 et 8. Avec le fil 7, faire des double nœuds à gauche sur les fils 6, 5 et 1. Terminer la rangée par un double nœud à droite avec le fil 2 sur le fil 7.

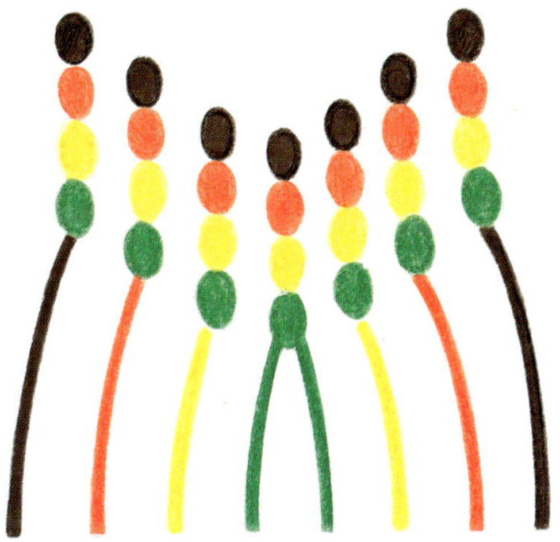

3 Continuer sur le même principe avec les fils 3 et 6 puis commencer une nouvelle rangée avec les fils 4 et 5 pour retrouver la position de départ des fils. Continuer le bracelet jusqu'à la longueur désirée.

Croix et losange

Commencer le bracelet en V. Alterner ensuite des croix et des losanges.

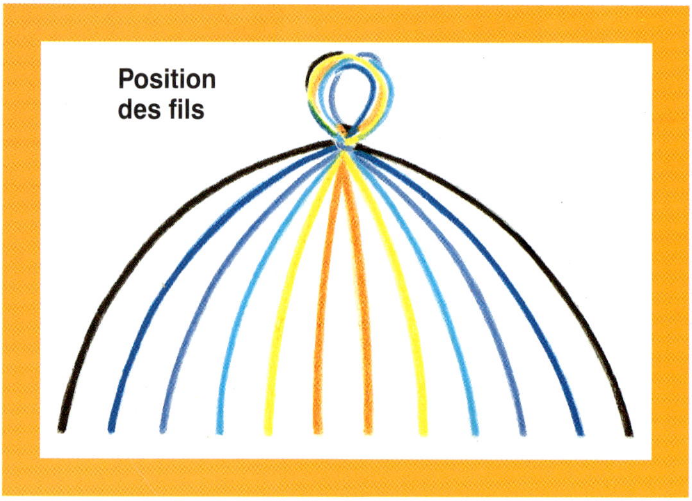

Faire une croix

1 Commencer le bracelet en V. Faire un V avec les fils noirs. Les fils bleu foncé commencent un V. Au milieu, faire un double nœud avec les fils noirs sur les fils bleu foncé.

2 Les fils bleu clair commencent un V. Au milieu, faire un double nœud avec les fils noirs sur les fils bleu clair.

3 Les fils verts commencent un V. Au milieu, faire un double nœud avec les fils noirs sur les fils verts. Continuer sur le même principe avec les fils jaunes puis les fils orange.

4 La croix est terminée : l'ordre des fils est inversé. Continuer le bracelet en V en partant du centre pour obtenir des V inversés.

Faire un losange

1 Faire un V inversé avec les fils orange.

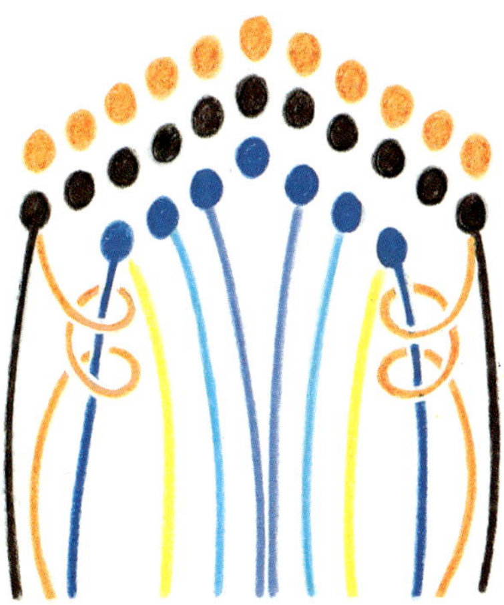

2 Les fils noirs commencent un V inversé. Arrivés aux fils orange, chaque fil orange fait un double nœud sur les fils noirs. Procéder de la même façon avec les fils bleu foncé, bleu clair, verts et jaunes.

3 Les fils orange se retrouvent au milieu. Faire un double nœud avec les deux fils orange. Le losange est terminé. L'angle des V est inversé. Les fils ont changé de sens. Reprendre un V avec les fils noirs.

Poisson

Cette technique est un mélange de croix et de losanges.

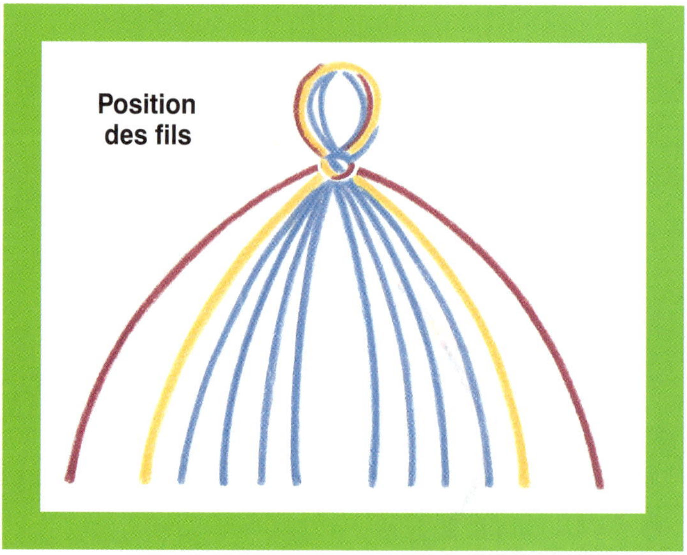

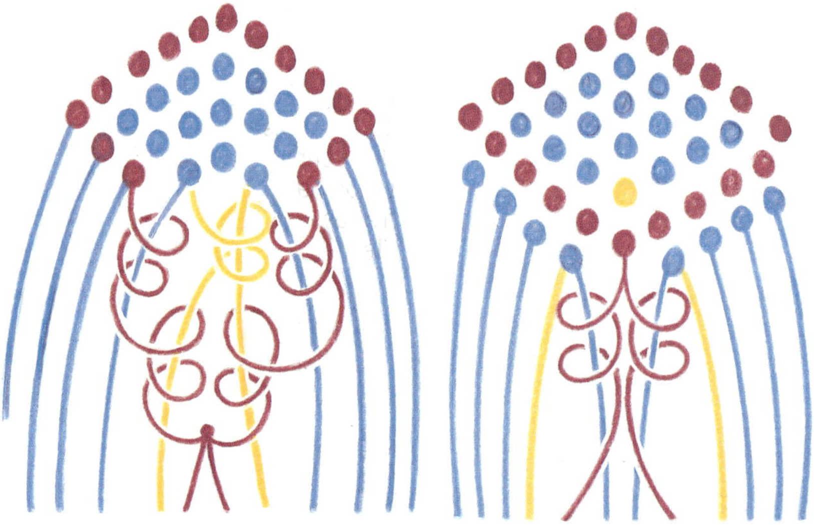

1 Commencer le bracelet en faisant des V inversés en partant des fils du centre. Faire un losange avec les fils roses. À la fin du losange, commencer un V avec les fils bleus. Arrivés au centre, faire des double nœuds avec les fils roses sur les fils bleus.

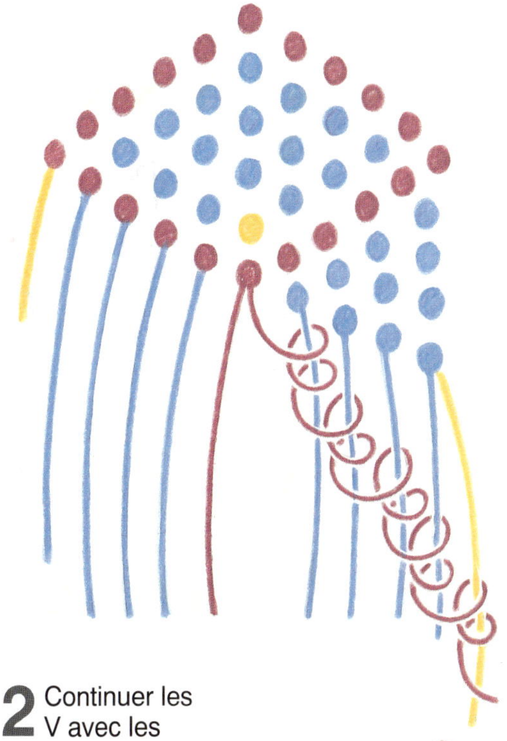

2 Continuer les V avec les fils bleus et former les branches de la croix en faisant des double nœuds avec les fils roses sur les fils bleus.

3 Le poisson est fini. Les fils roses forment un V inversé.

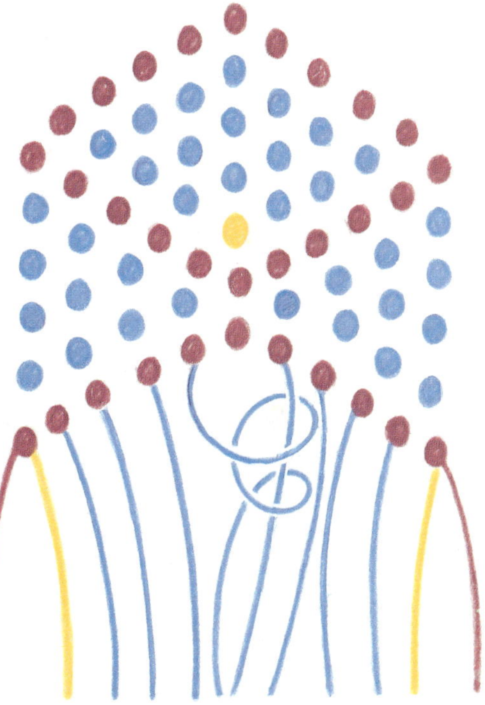

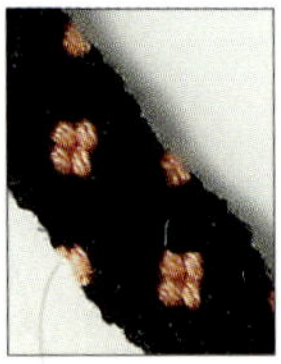

Petits pois

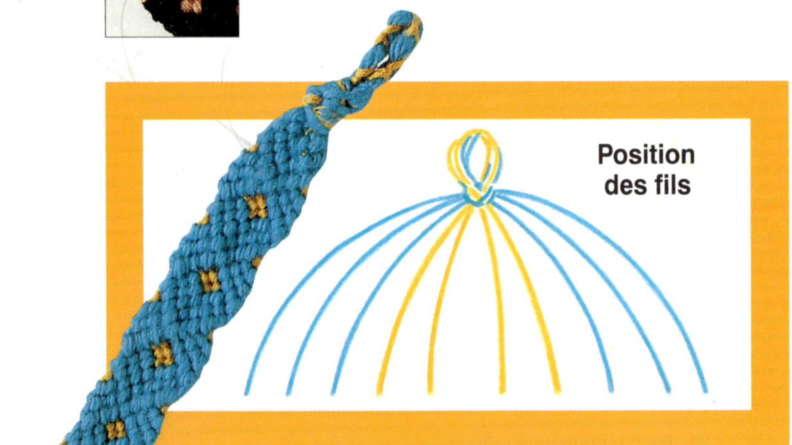

1 Former des V avec tous les fils bleus. Faire des double nœuds à droite et à gauche de chaque côté du bracelet avec les fils orange.

2 Avec le fil bleu, faire un double nœud à droite sur les 2 fils orange. Procéder de la même façon sur le côté gauche.

3 Continuer à faire des double nœuds avec les fils bleus sur les fils orange à droite puis à gauche.

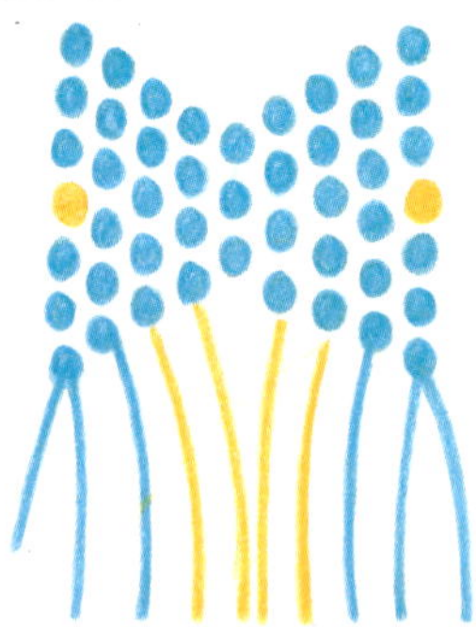

4 Lorsque tous les fils bleus sont descendus, on retrouve l'ordre de départ mais les V sont inversés. Les fils orange sont placés au centre.

5 Faire 2 double nœuds à droite sur les fils orange en suivant le schéma.

6 Former 2 double nœuds à droite sur les fils orange en suivant le schéma.

7 On obtient un petit pois orange au centre du bracelet.

8 Les fils bleus qui entourent les fils orange commencent un V.

9 Continuer à former des V avec les 2 fils bleus suivants.

10 Terminer le V avec les 2 derniers fils bleus.

11 Les fils orange se retrouvent de chaque côté du bracelet comme à l'étape 1. Faire un double nœud à gauche avec les fils bleus du centre.

12 Former des demi-pois orange en réalisant des double nœuds à gauche et à droite de chaque côté du bracelet suivant le schéma. Continuer suivant le même principe.

Conseil
Pour la couleur dominante, prendre 3 ou 4 fils de 2,10 m pliés en deux. Pour la couleur des pois, prévoir 2 fils de 1,20 m pliés en deux.

Idées-macramé

Voici des idées-macramé à décliner sur des fils de cuir, de la cordelette, du raphia ou toute autre matière de votre choix.

Astuce
Les lanières en cuir se vendent en brin d'1 m. Prévoir 1 brin plié en deux pour le fil central et 2 brins de même couleur pour les fils qui tissent donc au total 3 brins.

Bracelet plat

1 Former un premier nœud sur les fils du centre en suivant les schémas.

2 Faire un deuxième nœud en sens inverse en suivant les schémas. Continuer le bracelet en alternant les nœuds à chaque fois.

Bracelet torsadé

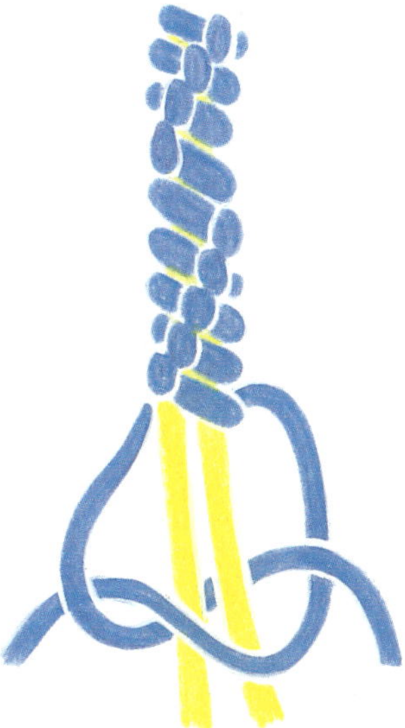

Former un nœud sur les fils du milieu en suivant le schéma. Continuer le bracelet en réalisant toujours le même nœud.

Tresses

Utiliser du raphia et se reporter aux explications de la page 7.

Conseil

Pour un bracelet d'environ 20 cm, prévoir 1 fil d'1 m plié en deux pour le fil central et 1 fil de 2 m pliés en deux pour le fil qui tisse. Fixer les fils à une poignée de porte durant le travail. Faire un nœud en laissant dépasser 2 boucles pour commencer le bracelet.

Autres idées

Barrette

Choisir des fils brillants en prévoyant environ 40 cm pour chaque brin. Réaliser 3 wraps d'environ 5,5 cm de long en laissant dépasser 2,5 cm de brins non tressés de chaque côté. Fixer les wraps sur le support de barrette en utilisant une colle de type Néoprène. Laisser sécher au moins une nuit.
On peut aussi fixer les wraps sur le support de barrette sans utiliser de colle. Dans ce cas, enrouler un fil autour de chaque extrémité des wraps et le nouer sur le support de barrette.

Petit carnet

Découper une liasse de feuilles de 15 x 21 cm puis une feuille de couleur de la même taille pour la couverture.
Les perforer 3 fois sur un des côtés. Fabriquer 3 wraps assez fins avec des couleurs assorties. Les glisser dans les trous puis les nouer pour fermer le carnet.

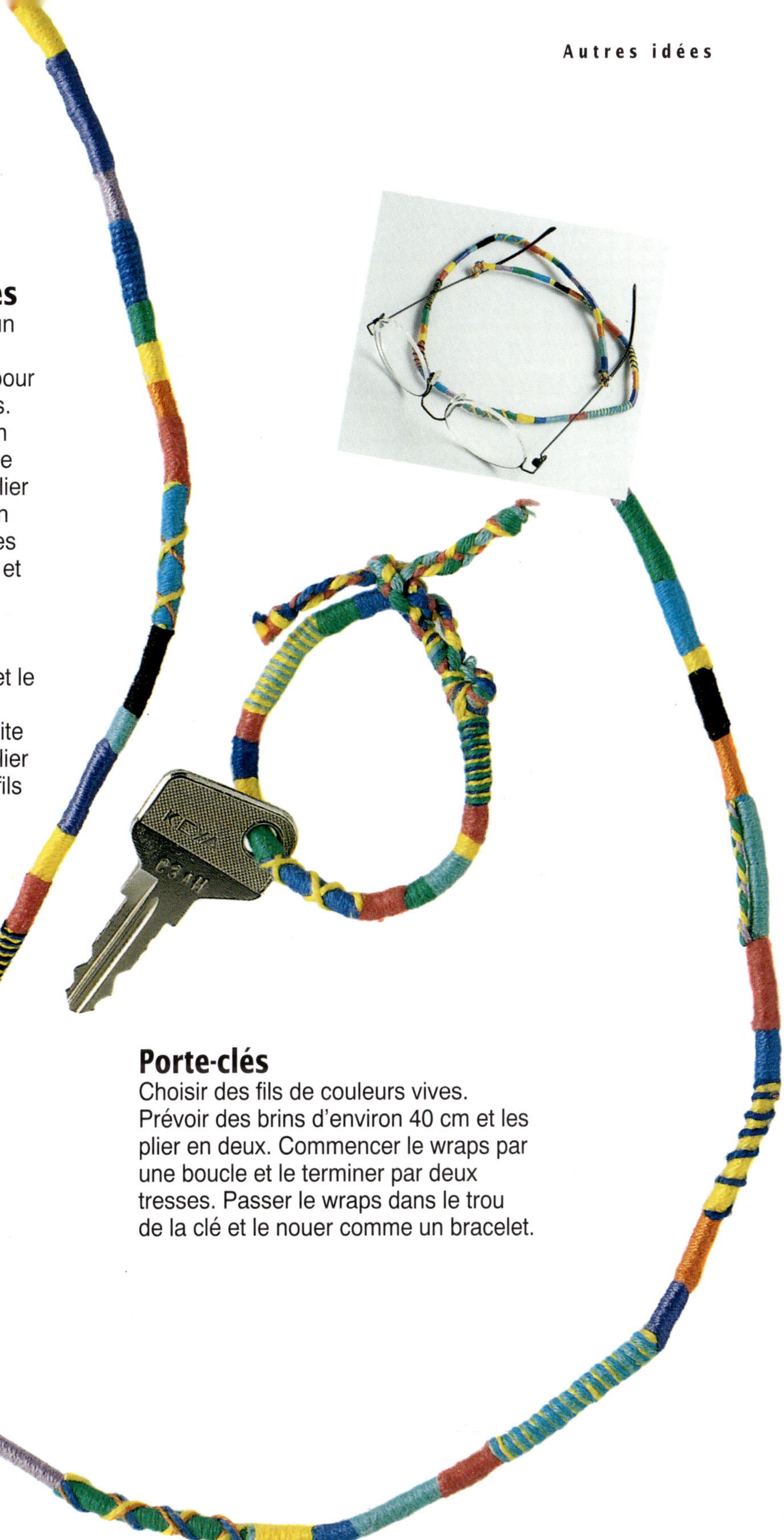

Cordon à lunettes

Ce modèle demande un peu de patience et beaucoup d'attention pour ne pas emmêler les fils. Choisir 10 fils d'environ 1,70 m. Faire une petite tresse avec 3 fils. La plier en deux pour former un des passants. Nouer les autres fils sur les 3 fils et couper à ras ceux qui dépassent. Former le cordon en variant les motifs et les couleurs et le terminer comme un bracelet. Faire une petite tresse avec 3 fils. La plier en deux. Nouer ces 3 fils avec un quatrième et couper tous les fils à ras. Fixer le cordon sur les lunettes.

Porte-clés

Choisir des fils de couleurs vives. Prévoir des brins d'environ 40 cm et les plier en deux. Commencer le wraps par une boucle et le terminer par deux tresses. Passer le wraps dans le trou de la clé et le nouer comme un bracelet.

Table des matières

Aux Éditions Fleurus

Collection Activités Fleurus

Contes en pâte à sel
Petites vitrines
Effets mosaïques
Pyrogravure d'aujourd'hui
Métal en feuilles
Macramé facile
Oeufs décorés pour Pâques
Perles de rocailles, parures et petits bijoux
Bougies faciles
Bande plâtrée
Serviettes en papier
Décopatch

Collection Activités Fleurus Junior

Masques farfelus
Nouveaux bracelets brésiliens
Perles de rocaille, bijoux et gadgets
Pinces à linge fantaisie
Scoubidou-mania
Plastique magique
Pâte à modeler colorée à cuire
Tricotin malin
Perles de rocaille fantaisie
Argile facile
Tresses et bracelets brésiliens
Bâtonnets plats
Clous et fils
Sable coloré
Pinces à linge, un monde miniature
Window-décor
Chenilles faciles
Papier crépon
Scoubidou folies
Carton ondulé